Kenza L.

La relativité psychologique

Kenza L.

La relativité psychologique

Le revers du décor

Éditions Vie

Imprint

Cover image: www.ingimage.com

Publisher:
Éditions Vie
is a trademark of
Dodo Books Indian Ocean Ltd., member of the OmniScriptum S.R.L Publishing group
str. A.Russo 15, of. 61, Chisinau-2068, Republic of Moldova Europe
Printed at: see last page
ISBN: 978-613-9-58974-6

LA RELATIVITE PSYCHOLOGIQUE

By Kenza L.

PRESENTATION

- KENZA L.
- PAGES: 55 pages
- LANGUAGE: FRANCAIS
- TITLE : LA RELATIVITE PSYCHOLOGIQUE
- REPERTOIRE : EDUCATION
- SUJET : PSYCHOLOGIE
- SOMMAIRE : La relativité psychologique, est une forme d'entretien psychologique, avec des situations inhumaines, dans le cadre d'une vie ordinaire.

PLAN

SYNOPSIS

Ce livre est né de la volonté d'écrire sur la pensée positive, et cela a basculé sur la relativité psychologique. La relativité retrace les évènements à vouloir bien faire, en établissant des efforts et des envies, et se retrouver vers un chemin de non-retour.

Il existe différents aspects de la vie, retraçant les angles de vue et la relativité est le centre de gravité de la pensée positive. Le regroupement de plusieurs évènements, chapotés par la psychologie maladive a rendu certaines personnes, hors contrôle ; je retrace des catégories de personnes, professionnelles, cadres et cadres supérieurs, des ingénieurs parfois, et des directeurs de Multinationales. Ceux que j'ai rencontré et ceux dont les informations ont échouées dans mes oreilles.

L'ASCENCEUR EMOTIONNEL

FAUSSE BONNE IDEE

Quand une personne bâtit toute sa vie, sur une fausse idée et son appartenance. Cette idée grandit sans raison particulière, définissant les lois et trajectoires de tout un monde singulier ; pouvant parfaire parfois les voies réelles de la psychologie émotive. Avec nous, intérieurement durant quelques années, à tel point qu'on arrive plus à s'en débarrasser. L'appartenance à un environnement n'est pas définie par la réalité comportementale via des billets de banque, des voitures ou des bâtiments ; il s'agit d'un environnement bâtit avec des liens familiaux, portant un Nom, une adresse et une vision de cette famille.

Certaines personnes ont tendance à créer des problèmes et des usines à gaz pour les autres, afin de pouvoir vivre tranquillement dans un environnement, qui ne leur appartient pas. Un point n'est pas un autre et la vie des autres n'est pas un jeu de cirque, ou une lumière d'immeuble à couper et rallumer' chaque vie est une suite de dates, évènements, sentiments et retombées ostentatoires. On imagine les possibilités mais la nôtre, est une catégorie particulière à délimiter le périmètre de résultat et attendre que le piège se désinstalle progressivement.

A noter que la vie et la mort sont deux instants inconnus, No soyons pas fous** à **les détruire dans les pipelettes.

LE HACKING PSYCHO.

On nous enquiquine tous avec la peur du Hacking, et ses méfaits par rapport à la privacy des données, a notre notoriété personnelle et professionnelle. On les a cru mot pour mot, sans y accorder beaucoup d'attention et en résumant cela a une protection. Si on considère cela comme un Marche Business, basé sur la PEUR comme système d'exploitation. Toute captivité de la valeur d'un comportement inhabituel, qu'Il faudra développer pour dilater les structures construites, sur une terre tremblante. La diffusion de l'information en mode Wikileaks, n'est plus un malheur, il faudra l'utiliser positivement, comme en politique.

LE MONDE DE LA GESTION

i. LE MANAGEMENT ORGANIZATIONNEL

Structurer une Entreprise est une priorité de l'évolution de son portefeuille d'activités. Pour pouvoir contribuer, à l'évolution économique et au développement interne, on structure les besoins pour définir des process organisationnels, et mettre en place un *Plan d'Actions Stratégiques*, pour répondre au PLAN ECONOMIQUE et a sa génération de valeur ajoutée.

Afin de définir les points ou indicateurs de développement/performance, il est primordial de pointer les détails déterminants pour collaborer autour du succès permanent. Obtenir un résultat est un point crucial dans ce type de démarche, et obtenir un résultat de *performance contribuée*.

Le management organisationnel est un management sous forme d'étapes procédurales, commençant par une idée simple et concluant sur un résultat réel. Toute revue de ces process est une suite illogique de nœuds psychologiques, de raisons irréelles et une fuite mentale du bonheur absolu.

ii. FINANCE : L'Effet Moutonnier

L'Effet Moutonnier repose sur 3 vecteurs :

- **La stupidité** ne repose sur la méconnaissance ou l'apparition débile. La stupidité est de défendre quelqu'un ou une cause, qui est fausse, illogique ou insensée du moment qu'un groupe de gens adhère.
- **L'adhésion** a un point n'est qu'une façon de regrouper un certain nombre de personnes, autour d'un sujet ; or le nombre n'est pas une condition ou une raison, pour sa véracité.

- **La véracité** d'un point est sa capacité, a lui seul, de se défendre sans personne, Une personne est vraie ou fausse a son apparence et non pas à ses paroles.

Dans le cadre de ***l'Effet Moutonnier***, il existe plusieurs caractéristiques :

La parole est un ART de savoir choisir les mots et les combiner autour d'une phrase pour passer

iii. LES EFFETS DE GESTION

Les effets de gestion, sont des effets présents, mais occultés pour répondre aux aléas de gestion des entreprises, à savoir :

- EFFET DE MODE
- EFFET MOUTONNIER
- EFFET REVERS
- EFFET CROISE

iv. LA MODELISATION FINANCIERE

La force de la finance est de pouvoir se remodeler, selon une arborescence, et une trajectoire dans la réalité des moments difficiles, de la capacité financière. Toute modélisation est une réorganisation des idées selon cette arborescence en collectant des informations, et en captivant les moments difficiles dans la finance.

Avoir conçu un monde solennel de vue et de captivité en chiffres, relatant les conséquences, d'une réalité économique et positive.

L'IDIOTHIE PATHOLOGIQUE

i. L'IDIOPATHIE

L'idiopathie est une Idée devenue pathologie, à force d'y croire et de l'appliquer. Elle se résume en une pathologie idiote, développée par le corps humain, à force de prendre de mauvaises habitudes.

Un Idiocomprimé est une idiotie comportementale, définie par une personne comme une base. Cette idiotie a la particularité d'être banale et de n'avoir aucune signification particulière, mais sa résultante repose sur un comportement décalée. Tout réside sur une chronologie d'évènements allant crescendo vers une idiotie apparente, comme chez les enfants ou adolescents, mais observée aussi chez les adultes ; car face à l'affection, les adultes deviennent tout à fait incontrôlable face à leur propre ennemi et décale la réalité pour coller à la situation sentimentale.

ii. L'IDIOFATALITE

L'idiotie est une forme de courant hallucinant de comportements déplacés, hors de leur contexte. Une personne, n'ayant jamais vu le milieu familial ou eu une famille complète, aura du mal à concevoir la vie de famille, car elle vivra toujours dans la rue et dans les maisons des autres. La simple idée de vivre la vie, dans son intérieur est inconcevable pour établir une vie de famille ; cette personne aura toujours le comportement donneur de vivre dans un milieu saccagé et en vue ou avec une visibilité extérieure. C'est une conception de la réalité, complètement différente de la réalité psychologie d'une famille ordinaire ou supra-ordinaire ; c'est une vision revisitée de tous les liens familiaux, en rapprochant la conception de la rue, entre jongler les rues et le rentrer/sortir continus, et la conception de l'intérieur qui consiste à déterminer la folie des grandeurs de rendre un évènement anodin, sous format d'un évènement extraordinaire, comme une sortie ou un anniversaire, un achat d'appartement ou une sortie café.

Toute imagination peut être réalité et toute réalité ne peut être imaginaire, car elle représente une réalité attestée ; cela définit les différents angles de la vue d'une réalité controverse. Une réalité a beaucoup de faits marquants, entre voix, sentiments, mots et paroles, sons et impacts prédominants dans le souvenir de a personne. Or l'imagination est un champ de transition, entre rêves et réalités, qui sont modifiables dans la mesure où aucun impact n'a été acté en définitif.

Il devient indispensable et primordial de comprendre la réalité de tout ce qui se passe, entre passation de pouvoirs et imagination, pour valser les idées entre différents points, déterminant tous les angles de points de vue.

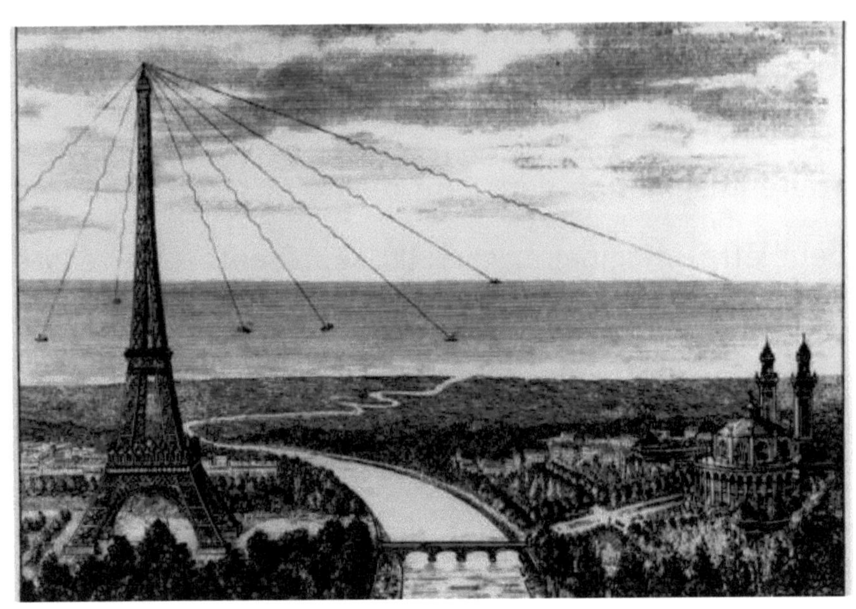

LA PSYCHOLOGIE RESPONSIVE

La psychologie humaine est complexe par un OUI ou NON ; toute effraction du comportement humain est une variante de la base en fonction de différents facteurs psycho-thermiques, de l'analyse humaine. Un humain a le choix d'être bon ou mauvais ; ce choix dépend des gens, des catégories de personnes, des similitudes comportementales entre personnes. Toutefois, un être a la possibilité d'en sortir ou d'entrer dans un environnement similaire. La vie psychologique est un monde plein de surprises ; toute action détournée peut entrainer une réaction chimique, et déviée du comportement humain.

La réponse n'est pas nécessairement une bonne réponse, parfois le silence est une réponse alternative, a une situation dite compliquée, et sans prejudice apparent. Il advient très apparent que cette attitude est une attitude compliquée, de façon à controverser les liens pour laisser le monde dans un champ en ébullition, discontinu et sans raison effective.

LE CERVEAU

Le cerveau est un neurotransmetteur, de tous les vibes ; c'est pourquoi il faut le protéger. Les nerfs lâchent une électricité, en cas de nervosité, sous forme de poudre. Cette électricité sera récupérée, au niveau du volant et transmise au stockage.

LA MORT

<u>La MORT par psychologie</u>

La MORT est un état de fait, n'en parlant pas, on l'atteste. Pour pouvoir atteindre un niveau quelconque, il devient impératif de comprendre sa psychologie. La MORT d'une mère de famille, a plus d'impact que la mort d'un frère ou d'une sœur. C'est un état ou toutes les raisons s'estompent ; une vérité s'impose et un avenir s'ouvre vers un autre monde. La MORT de la mère peut être destructrice, et à part entière, fugitive d'une mélancolie ordinaire, un monde plein de surprises et plein de réquisitions.

LE PERDANT

Le perdant n'éprouve aucune satiété de l'esprit, ni en cas de gain, ni en cas de perte. Sa révolution est d'avoir un esprit perdant, en toutes circonstances.

LA SEXOLOGIE

La psychologie

La sexologie est une pathologie, basée sur des pensées sexuelles répétitives, mais sans besoin primitif mais le besoin est plutôt abandonné. Ce besoin se déclare chez un adulte puceau, ou un adulte qui n'est jamais tombé amoureux ou pratiqué un acte sexuel. Ceci repose sur la réalité de transposer son besoin en idées répétitives, émotionnelles et domptées. Elles peuvent tuer la personne elle-même ou les transgresser en application sur d'autres personnes. Car dans ce cadre pathologique, le patient ne répond pas à des sentiments standards mais plutôt des idées conçues de l'Amour, la pratique du sexe et le relationnel manquant. Sa capacité à ne réaliser son but ou ses réalisations, dans le cadre de toute pneumonie pathologique. Tout repose sur la respiration du dit patient, pour comprendre la véracité de tous les éléments psychologiques, indispensables dans la création de l'environnement cérébral de la personne en question.

L'origine

Le focus n'est ni désirable, ni aléatoire ; cela s'explique par un choc émotionnel lors de la naissance ou lors de l'adolescence. Une fois, l'adulte est soumis à ce choc émotionnel, il bloque sur des évènements continus, en récession de compréhension et de chronologie atténuante, forçant les rêves et les réalités, a s'entrevoir sur des terrains juxtaposes de la même manière qu'une jolie rose rouge, en phase de devenir fade et sans raison d'être.

Le suivi psychologique

Le suivi psychologique détermine l'état du patient ou du dit concerné, pouvant obtenir une forme révolte de la psychologie dormante ; donc, le comportement réveil ne peut être prédictible, il faudra attendre les réactions premières pour comprendre la sévérité des différentes aliénations du comportement humain. Toute discussion doit être minutieuse et organisée, afin de traiter le comportement de manière à dévoiler les réalités subjectives, d'une manière souriante et objective, sans prise de part de n'importe quelle façon, à contrebalancer les raisons de manière très aléatoire.

Le viol collectif

Le viol collectif a un gout amer, entre hommes et femmes, qui s'allient pour vous détruire à travers des faits et gestes que vous ne concevez pas et que vous ne cautionnez pas. C'est une manière alternée de répondre à un traumatisme psychologique par un autre, et donner sa traduction illogique d'une vision erronée, ramenant un sujet ou une personne vers la descente aux enfers. La raison n'existe plus entre rêve et réalité, le monde s'allie pour créer une absurdité psychologique et intrépide, pour atteindre un niveau dégradant de la réalité psychologique primitive, ne laissant aucun répit aux animaux à décliner d'un intérieur brut.

LE DOCTEUR THERAPIE DES RETARDS PSYCHOLOGIQUES

La plume psychologique retrace les différents axes des retards psychologiques, à travers la nécessite des questions :

- LE CEREBRAL
- LE MUSCULAIRE
- LE NERVEUX
- LE VOLATILE : VOIX, PAROLE, ...
- LE TOUCHER SOMNANBULE
- LE MOUVEMENT

La psychologie est une plume musicale, qui introduit un monde imaginaire dans le monde réel. Elle fractionne plusieurs sections, à travers des écosystèmes psychologiques.

Toute application de l'architecture cérébrale est un moyen identifiant de la relativité absolue, du fonctionnement normal et de la rapidité de la circulation des informations et données, pour équilibrer le système cérébral.

▪ UN RETARD PSYCHOLOGIQUE

Un orgueil est un ressenti psychologique, permettant de satisfaire un besoin fictif d'existence. Alors que le préjudice, c'est un mal porté à un enfant ou un adulte, sur la base d'hallucinations subjectives.

>> Un terrain de Foot = 5 joueurs > 5 points psychologiques

- LA PLUIE : Pas d'entrainement
- LA TEMPERATURE : La concentration
- LE PAPILLON : La maitrise
- LE REVE : Un champ de Bataille
- L'ABSURDITE : Le Timing

- ***ORGUEIL***

  - Instaurer la peur, pour affaiblir l'adversaire
  - A travers deux points principaux

- ***PREJUDICE***

  - Le chamboulement de tous les repères
  - Une influence négative
  - Une impasse
  - Le sentiment d'être piégé

>> 6 ans, est l'âge de toutes les raisons = Raisonnement

LE MUSCULAIRE

L'AMOUR est un sentiment pur, sans effet physiologique, un sentiment de deux cœurs se rencontrant pour former une lumière inatteignable. Toute personne a le droit d'aimer mais les effets

L'AMOUR est un sentiment de BONHEUR !

PROCESS :

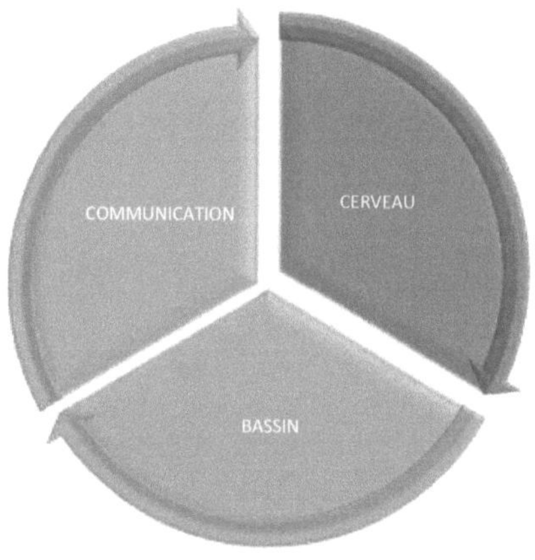

LE NERVEUX

La Psychologie du Souvenir (PS) est un voyage humain.

Le voyage est un ARBRE, bâtit sur 4 volets : NEC (NUQUE, EPAULES, COU). Le NEC du corps est un ensemble d'éléments, formant une ARBORESCENCE de la vie, l'expérience, le vécu, les retentissements.

Le corps a une centrale, c'est son arborescence. Elle retrace les différents éléments de la régularité, l'équilibre, l'Existentielle et la réalité.

Une idée est psychomotrice !

i. LA PSYCHOLOGIE DU JEU

Au lieu d'aller directement vers le but, La balle sera jouée indirectement pour pouvoir travailler l'adversaire. Dans ce cas, l'adversaire est vous-même ; une personne face à son esprit. C'est un JEU DE BILLARD, en indirect.

LE TOUCHER SOMNOLANT

i. LA PSYCHOLOGIE DE L'EQUILIBRE

L'équilibre du cerveau repose sur la capacité des neurones, à produire un effet positif sur la circulation de l'information au sein d'un même corps ; le corps peut être humain, organisme, société ou encore scientifique.

Cet équilibre est une résultante de tout un monde tournant, sous forme d'un Globe-terrestre ; le Neurone est faible face à la robustesse du circuit informationnel.

ii. LA DEPRESSION PSYCHOLOGIQUE

UN CORPS MALADE

Les couleurs sont une nécessite dans la vie humaine, tout regard vers un être humain est rempli de plusieurs indicateurs de permanence. Déterminer les points cruciaux de la rivalité psychologique indique que tout vecteur de changement est une base de travail, colossal et sans équivalence. Le corps ne peut vivre sans couleurs, sinon il perd son équilibre et ne peut vivre sans oxygène, car il a besoin de sa matière première pour exister. Il véhicule à travers des signaux et des réponses, sa capacité interactive à dominer l'opinion globale ; fructifier les gestes et mouvements est un moyen indispensable pour regarder vers l'avant et atteindre la vue ultime.

Toute réaction du corps face à des situations, devient une condition sinéquanone de la réalité quotidienne. A dire que le sourire chagrine s'il ne peut voir les autres et n'arrive pas à fructifier son bonheur. Mme NOUSSA a 5 ans de retard, entre sourire, rire et bavardage sociale ; Que faire pour a guérir ? Du soleil. Rien au monde te aucune matière ne peut remplacer le rire ou le sourire de quelqu'un, car la dopamine et la rétine injectées dans le cerveau, ne peut être administrées en médicaments ou encore par d'autres voies. La production naturelle est le seul moyen de retrouver un équilibre normal et parfait, en fonction du dosage de chaque être humain, et chaque partie prenante.

LA FONCTION ULTIME

Quand les YEUX voient les couleurs,

Le CŒUR voit les couleurs,

Du coup, La PAROLE ou LANGUE voit les couleurs.

- Une production continue

Quand les yeux voient Noir et Blanc, le système du cerveau fonctionne en l'occurrence de ces éléments. Il revient à dispatcher les différentes caractéristiques du cerveau, de manière équitable et vraie. Aucun élément ne peut être pris en compte pour remplacer cette vision, les lunettes donnent et corrigent par les couleurs, le système de vision pour que le cerveau puisse pondre un résultat équilibré

Les couleurs donnent l'espoir a d'autres matières, de coexister et donnent la vie à travers une ou plusieurs couleurs, sans voix, sans parole, et sans écrit. Un acte simple et délibéré de partager une source inouïe d'énergie vers un monde sans réponse.

La voix peut exister dans un corps ou des parois respiratoires, si on change de couleur et ainsi de suite, pour les habits, le système nutritif, le langage et les sens d'un être humain ou même animal. A voir cela, on a l'impression que ces couleurs sont une forme d'alimentation naturelle, en énergies diverses et variées et que leur code est caché. Néanmoins, tout le monde n'a pas le code pour livrer sa valeur motrice et ses capacités.

LE FREIN ou LA BARRIERE

La condensation est un frein à toutes les psychothérapies et a tous les systèmes de couleurs existants. Il revient à l'utiliser pour donner un élan PUSH, sans réaliser la capacité humaine à pousser les limites vers des barrières existantes.

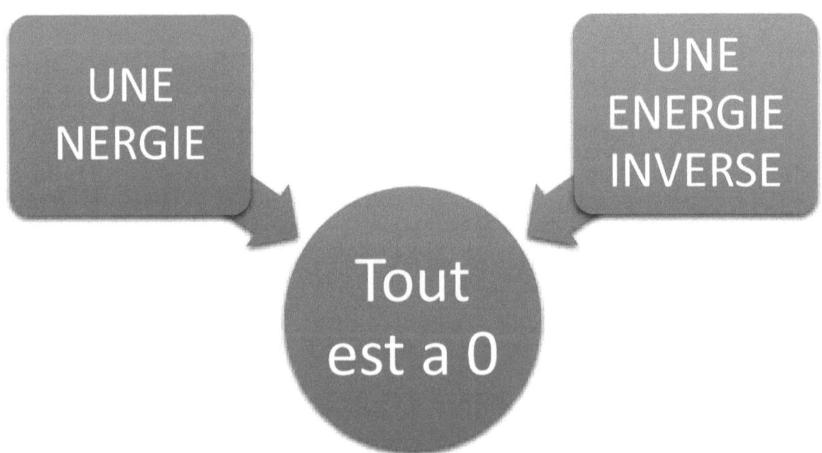

Les YEUX >

- Noir/Blanc > Lecture Simple
- Couleurs > Lecture Multiple

LE MOUVEMENT

« ***UN REVE PEUT DEVENIR UNE REALITE, DU MOMENT QU'ON Y A CRU*** », par KEN.

LA PSYCHOLOGIE DE L'ENFANT

i. LA PEDOPHILE ou LE TRAUMATISME ENFANTIN

Un Homme ou une Femme, n'acceptant pas le cadeau de Dieu, vont démontrer par des actes impulsifs, la tenante d'un acte moche et délibérée, d'une réticence enfouie dans un monde imaginaire. Tout est une question relative de la capacité humaine, a resurgir des souvenirs renfloués, sur une période passée. Saccagé par le monde, contrairement à des évènements existants, tout devient une répétitivité nouvelle d'un monde ancien ; un monde « NOIR et BLANC ».

LA VOIX MONETAIRE

Dans le temps des fluctuations, la monnaie se rend difficile sur le marché, de part l'offre et la demande, et d'autre part la réflexion sur des sujets divers et variés. Il est important de voir le monde monétaire sous différentes formes :

- **LE FORMAT BOURSIER**

Les fluctuations monétaires sont des fluctuations informatives, en réalité. Toute relativité d'information est une juxtaposition entre différents mondes surdimensionnés, et un niveau d'effectif et non affectif de relations inhumaines ; du moment qu'on discute argent, on parle de rivalités de gain et de prix. Le gain ne peut être réel ou établit sous différents formats existentiels, un gain est établi selon des équations mathématiques, une base de calcul et un objectif à atteindre. Le rêve est que tout le monde soit satisfait à la fin, mais cela reste un rêve.

- **LE REVE ECONOMIQUE**

Toute l'économie repose sur un mouvement circulaire et une finalité Business. Les relations ne sont pas une finalité mais, un moyen de voir et d'entrevoir les informations dissoutes entre les lignes bavardes d'un monde au complet.

Un Rêve économique est d'avoir la capacité de répondre à toutes les questions, de manière subjective sans incidences sur autrui. Un monde où on joue les cartes selon le besoin, la disponibilité et le matching entre les deux points en linéaire. Il existe un monde des équations et tout le reste, mais ce n'est pas le monde économique. Le monde économique jour sur les subtilités et les détails de chaque domaine, pour former un univers ou une union long-termiste.

A voir et regarder les rêves de toute économie, elles sont semblables sans avoir des périmètres à l'identique. Entendre la raison est une priorité, avoir le courage est la deuxième mais réussir l'objectif est la réalité ultime.

- **L'INDICE RETROACTIF**

Le monétaire a un effet de rétroactivité ou d'effet circulaire, à savoir la possibilité de se répéter sur un cycle ferme. Toute rétroactivité ne peut être économique ou financière, elle est statistique, dans la mesure où il faut sauver les autres pour se secourir soi-même et donner cette rivalité singulière. A définir les limites, l'indice retrace l'historique probable dans la durée d'une activité singulière sans effet de mode, pour pouvoir classifier et rétorquer les lignes directrices.

- **LA REQUISITION FINANCIERE**

La réquisition financière est la possibilité de tout un monde de voir et entrevoir une subtilité linguistique et un monde à des chiffres en continuité. Imaginons si cette continuité est un code de revue des différents aléas économiques, financiers et Business global, dans l'ensemble tout est parfait mais dans la subtilité, tout est singulier.

A imaginer les fins, une ingénierie s'installe pour dilapider et rectifier les tirs économiques et vestibules pour alerter sur l'opinion publique de prendre des décisions attives avec répercussions destructrices. Prenons les choses du cote positif souriant, la réquisition financière ressemblerait à une étude approfondie de chiffres et d'aléas économiques, dans le même panier pour répondre a cette économie notable.

- **LE SOCIALISME PSYCHOLOGIQUE**

LA PENSEE MARGINALE

Les pensées se dispersant et les speechs se succèdent ; toutes les formalités intellectuelles ont le droit de coexister. Beaucoup d'entre nous, se tournent vers le Monde des Arts et Technologies (MAT) ; mais nous avons oublié que l'univers est bâtit sur la recherche, un monde à multiples facettes et dont les résultats peuvent s'appliquer, d'une manière transversale. Toutes les raisons peuvent être menées, si on priorise les faits et les remaniements.

- **LE GENIE INDUSTRIEL**

Le génie industriel est une communication positive dans un milieu donné. Toute rivalité psychologie dans l'industrie est une force naturelle de toutes les lois à comprendre et à déterminer les lignes stratégique de l'évolution humaine.

La voix industrielle est une voix de chemins de fer, à déterminer une des trajectoires possibles et à définir les raisons possibles pour accomplir le but. Un commencement vient de l'idée de base, et s'articule sur les devants d'une scène tumultueuse et devinée, évitant la catastrophe de tomber sur les deux rives délaissés d'une montagne enneigée de success stories.

- **LE BOUQUET SOCIAL**

Le bouquet social est une enveloppe de plusieurs personnes, à traverser les cieux et la terre pour répondre aux aléas de la société. Il devient indispensable de comprendre les liens marginaux d'une société, à traduire les effets néfastes selon un schéma économique. La société dessert d'une manière ou d'une autre la subjectivité territoriale, d'un répertoire économique et social, délimitant toutes les trajectoires possibles et non aliénables pour évoluer selon le secteur substantiel.

Un environnement a besoin de :

- Comprendre les liens logiques
- Avoir la capacité psychologique
- Définir un schéma de répartition
- Concevoir une perception

Tous les résultats doivent être soumis, sur la durée, a un comportement psychologique et définir les lois naturelles de régie de cet environnement.

LE NOYAU IMAGINAIRE

Le socle imaginaire est un univers propre à chaque personne ; toute conception et idée est un résultat d'un monde de plusieurs endroits. Chaque idée suit sa trajectoire et sa descendance atténuante, pour franchir le cap défini :

- Si l'imaginaire est basé sur une idée précise, tout est OK
- Si l'imaginaire est basé sur de fausses idées, inalienablement obsolètes et démesurées.

Le socle de l'imaginaire est réceptacle, donnant la vie et la mort à tous ceux qui souhaitent le dépasser, le prendre, l'emprisonner ou le détruire.

Un socle imaginaire est un monde bâtit sur toute l'exploitation d'un champ particulier, sous un état donné ou avec des données choisies, déterminant la trajectoire d'une pensée.

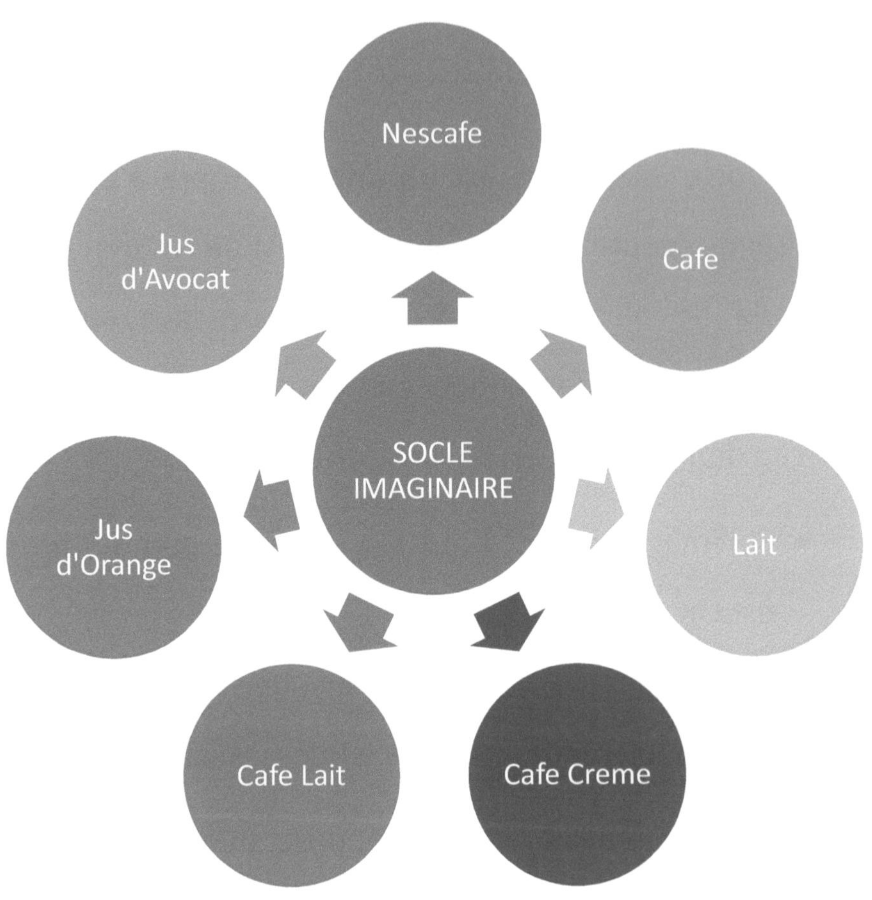

Un tourbillon imaginaire de la réalité, est un rêve sous forme heureuse, à détruire les envies et les souhaits.

L'INTELLIGENCE

En psychologie, il existe plusieurs formes d'intelligence :

- ***INTELLIGENCE SENSORIELLE***

Cette intelligence est une forme sensorielle, relatant les informations sous une forme circulaire, et dotant l'humain de capacités extraordinaires. Il advient d'observer son environnement pour comprendre le pourquoi du comment, d'analyser les données et de finaliser par un constat créatif.

Ce type d'intelligence créée une forme d'attachement, et de connectivite à travers des nœuds ou réseau relatant les informations vers une centrale de stockage. Il advient de comprendre comment ce type de nœuds sont formés pour un résultat probant.

➢ *INTELLIGENCE CEREBRALE*

L'intelligence cérébrale fonctionne comme les liens entre les différents neurones, à savoir leur capacité à donner une vision clairvoyante, à transmettre les informations, à former des nœuds complexes et à développer un champ de travail quotidien. Il est très important de se concentrer sur l'objectif, à savoir produire des résultats conformes à la vision personnelle de ce champ extraordinaire.

➢ *INTELLIGENCE DU MOUVEMENT*

Le mouvement est d'une intelligence transformatrice, elle relate les informations à une vitesse supérieure a celle de l'Internet, démontrant la capacité humaine à produire une énergie en fonction de :

- La Force
- La Résistance
- La Capacité
- La Vitesse
- L'Intention

Ces éléments sont déterminants dans la définition de l'Energie, quelque soit sa forme. Elle retombe d'un résultat différent, en fonction de leurs degrés.

➢ *INTELLIGENCE DE LA RESISTANCE*

La résistance est une forme de détournement de l'énergie vers un socle capacitaire, déterminant le raisonnement logique et pharamineux de l'Intelligence. Le focus permet de sortir les trésors cachés de la catégorie, le format et la durée de production. Cette résistance est une intelligence groupée entre différents espaces :

- DIVERGENCE
- INDIFFERENCE
- VARIANTE
- ASSIMILATION

SORTIE DE LIVRE

Notre note positive nous attend toujours à la fin, pour sublimer l'environnement global et donner un sens ludique a cette lecture, parfois décalée et d'autres à l'identique à notre quotidien. On salue ceux qui se battent et doublement, ceux qui ne se plaignent pas de ce monde, Restons positif !

LA COURSE CONTRE LA MONTRE

Cours, Cours,
Un parcours sans limite,
Le cœur est mort,
Sa flamme porte le deuil,
Parfois le Bonjour,
Je suis, Tu es, Tout est confus
Sur un linge détendu,
Tout ressemble à un seuil,
L'ensemble est groupé dans un recueil.

PUBLICATIONS

Le PROFILING des retards psychologiques est un regroupement de travaux personnels, un savoir-experience, une vie, un regard sur la théorie de conspiration, un manège tournant, du positif et du négatif, explorant différents mondes: cinéma, musique, théâtre, enfance, et d'autres sujets à travers la psychologie. Les mots se font rares car les sentiments se tourmentent sur des vagues délaissées et un chamboulement cérébral. Je salue ceux qui ont croisé mon chemin mais j'honore ceux qui vont le lire car la perception est complètement différente.

Consultante en informatique, Gestion Finance et Stratège. J'aime partager mon monde de psychologie, en fonction des femmes et hommes rencontrés dans ma vie. Mais ce livre a un goût amer et splendide à la fois car il retrace mes expériences personnelles. Je vous souhaite Bonne lecture!

Kenza L.

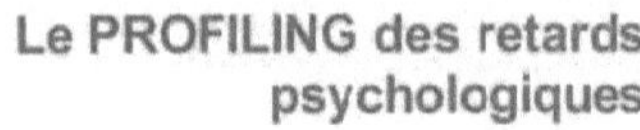

Conspiracy Time?

- LA PLUME PSYCHOLOGIQUE / 1
- LA PLUME & LE MONDE VIRTUEL / 2
- LE PROFILING / 3
- LA RELATIVITE / 4

CONTACTS

Twitter : @laestycia

Instagram : @kencool26

Linkedin : #laplumekenzaouite

#thefaceomorocco

Printed by Books on Demand GmbH, Norderstedt / Germany